AF563561

CATALOGUE

DE

LIVRES DE FONDS

OUVRAGES HISTORIQUES

ET PHILOSOPHIQUES

TABLE DES MATIÈRES

PARIS

LIBRAIRIE GERMER BAILLIÈRE ET Cie

108, BOULEVARD SAINT-GERMAIN, 108

Au coin de la rue Hautefeuille.

SEPTEMBRE 1879

COLLECTION HISTORIQUE DES GRANDS PHILOSOPHES

PHILOSOPHIE ANCIENNE

ARISTOTE (Œuvres d'), traduction de M. BARTHÉLEMY SAINT-HILAIRE.

— **Psychologie** (Opuscules) trad. en français et accompagnée de notes. 1 vol. in-8 .... 10 fr.

— **Rhétorique** traduite en français et accompagnée de notes. 1870, 2 vol. in-8 .... 16 fr.

— **Politique**, 1868, 1 v. in-8. 10 fr.

— **Traité du ciel**, 1866 ; traduit en français pour la première fois. 1 fort vol. grand in-8 .... 10 fr.

— **Météorologie**, avec le petit traité apocryphe : *Du Monde*, 1863. 1 fort vol. grand in-8 .... 10 fr.

— **La métaphysique d'Aristote**. 3 vol. in-8 1879 .... 30 fr.

— **Poétique**, 1858. 1 vol. in-8. 5 fr.

— **Traité de la production et de la destruction des choses**, trad. en français et accomp. de notes perpétuelles, 1866. 1 v. gr. in-8. 10 fr.

— **De la logique d'Aristote**, par M. BARTHÉLEMY SAINT-HILAIRE. 2 volumes in-8 .... 10 fr.

— **Psychologie**. Traité de l'âme, 1 vol. in-8 .... (*Épuisé.*)

— **Physique**, ou leçons sur les principes généraux de la nature. 2 forts vol. in-8 .... (*Épuisé.*)

— **Morale**, 1856. 3 vol. grand in-8. (*Épuisé.*)

— **La logique**, 4 vol. in-8. (*Épuisé.*)

SOCRATE. **La philosophie de Socrate**, par M. Alf. FOUILLÉE. 2 vol. in-8 .... 16 fr.

PLATON. **La philosophie de Platon**, par M. Alfred FOUILLÉE. 2 volumes in-8 .... 16 fr.

— **Études sur la Dialectique dans Platon et dans Hegel**, par M. Paul JANET. 1 vol. in-8 ... 6 fr.

PLATON et ARISTOTE. **Essai sur le commencement de la science politique**, par VAN DER REST. 1 vol. in-8 .... 10 fr.

ÉPICURE. **La Morale d'Épicure** et ses rapports avec les doctrines contemporaines, par M. GUYAU 1 vol. in-8 .... 6 fr. 50

ÉCOLE D'ALEXANDRIE. **Histoire critique de l'École d'Alexandrie**, par M. VACHEROT. 3 vol. in-8. 24 fr.

— **L'École d'Alexandrie**, par M. BARTHÉLEMY SAINT-HILAIRE. 1 v. in-8. 6 fr.

MARC-AURÈLE. **Pensées de Marc-Aurèle**, traduites et annotées par M. BARTHÉLEMY SAINT-HILAIRE. 1 vol. in-18 .... 4 fr. 50

RITTER. **Histoire de la philosophie ancienne**, trad. par TISSOT. 4 vol. in-8 .... 30 fr.

FABRE (Joseph). **Histoire de la philosophie; antiquité et moyen âge**. 1 vol. in-18 .... 3 50

PHILOSOPHIE MODERNE

LEIBNIZ. **Œuvres philosophiques**, avec introduction et notes par M. Paul JANET. 2 vol. in-8. 16 fr.

— **La métaphysique de Leibniz et la critique de Kant**, par D. NOLEN. 1 vol. in-8 .... 6 fr.

— **Leibniz et Pierre le Grand**, par FOUCHER DE CAREIL. In-8. 2 fr.

— **Lettres et opuscules de Leibniz**, par FOUCHER DE CAREIL, 1 vol. in-8 .... 3 fr. 50

— **Leibniz, Descartes et Spinoza**, par FOUCHER DE CAREIL. 1 v. in-8. 4 fr.

— **Leibniz et les deux Sophie**, par FOUCHER DE CAREIL. 1 v. in-8. 2 fr.

DESCARTES. **Descartes, la princesse Élisabeth et la reine Christine**, par FOUCHER DE CAREIL. 1 vol. in-8 .... 3 fr. 50

SPINOZA. **Dieu, l'homme et la béatitude**, trad., et précédé d'une introduction par M. P. JANET. 1 vol. in-18 .... 2 fr. 50

LOCKE. **Sa vie et ses œuvres**, par M. MARION. 1 vol. in-18. 2 fr. 50

MALEBRANCHE. **La philosophie de Malebranche**, par M. OLLÉ LAPRUNE. 2 vol. in-8 .... 16 fr.

VOLTAIRE. **La philosophie de Voltaire**, par M. Ern. BERSOT. 1 vol. in-18 .... 3 fr. 50

VOLTAIRE. **Les sciences au XVIIIe siècle**: Voltaire physicien, par M. Em. SAIGEY. 1 vol. in-8. 5 fr.

BOSSUET. **Essai sur la philosophie de Bossuet**, par Nourrisson, 1 vol. in-8 .... 4 fr.

RITTER. **Histoire de la philosophie moderne**, traduite par P. Challemel-Lacour. 3 vol. in-8. 20 fr.

FRANCK (Ad.). **La philosophie mystique en France au XVIIIe siècle.** 1 vol. in-18. . . 2 fr. 50

DAMIRON. **Mémoires pour servir à l'histoire de la philosophie au XVIIIe siècle.** 3 vol. in-8. . 15 fr.

MAINE DE BIRAN. **Essai sur sa philosophie,** suivi de fragments inédits, par JULES GÉRARD. 1 fort vol. in-8. 1876. . . . . 10 fr.

BERKELEY. **Sa vie et ses œuvres,** par PENJON. 1 v. in-8 (1878). 7 fr. 50

PHILOSOPHIE ÉCOSSAISE

DUGALD STEWART. **Éléments de la philosophie de l'esprit humain,** traduits de l'anglais par L. PEISSE. 3 vol. in-12. . . . . 9 fr.

W. HAMILTON. **Fragments de philosophie,** traduits de l'anglais par L. PEISSE. 1 vol. in-8. . . 7 fr. 50

— **La philosophie de Hamilton,** par J. STUART MILL. 1 v. in-8. . 10 fr.

PHILOSOPHIE ALLEMANDE

KANT. **Critique de la raison pure,** trad. par M. TISSOT. 2 v. in-8. . 16 fr.

— Même ouvrage, traduction par M. Jules BARNI. 2 vol. in-8, avec une introduction du traducteur, contenant l'analyse de cet ouvrage. . . . 16 fr.

— **Éclaircissements sur la critique de la raison pure,** trad. par J. TISSOT. 1 volume in-8. . . 6 fr.

— **Examen de la critique de la raison pratique,** traduit par M. J. BARNI. 1 vol. in-8. . . . . (*Épuisé.*)

— **Principes métaphysiques du droit,** suivis du *projet de paix perpétuelle*, traduction par M. TISSOT. 1 vol. in-8. . . . . 8 fr.

— Même ouvrage, traduction par M. Jules BARNI. 1 vol. in-8. . . 8 fr.

— **Principes métaphysiques de la morale,** augmentés des *fondements de la métaphysique des mœurs*, traduct. par M. TISSOT. 1 v. in-8. 8 fr.

— Même ouvrage, traduction par M. Jules BARNI avec une introduction analytique. 1 vol. in-8. . . . . 8 fr.

— **La logique,** traduction par M. TISSOT. 1 vol. in-8. . . . . . 4 fr.

— **Mélanges de logique,** traduction par M. TISSOT. 1 vol. in-8. . . 6 fr.

— **Prolégomènes à toute métaphysique future** qui se présentera comme science, traduction de M. TISSOT. 1 vol. in-8. . . 6 fr.

KANT. **Anthropologie,** suivie de divers fragments relatifs aux rapports du physique et du moral de l'homme, et du commerce des esprits d'un monde à l'autre, traduction par M. TISSOT. 1 vol. in-8. . . . . 6 fr.

KANT. **La critique de Kant et la métaphysique de Leibniz.** Histoire et théorie de leurs rapports, par D. NOLEN. 1 vol. in-8. 1875. 6 fr.

FICHTE. **Méthode pour arriver à la vie bienheureuse,** traduite par Francisque BOUILLIER. 1 vol. in-8. . . . . 8 fr.

— **Destination du savant et de l'homme de lettres,** traduite par M. NICOLAS. 1 vol. in-8. . . . . 3 fr.

— **Doctrines de la science.** Principes fondamentaux de la science de la connaissance, traduits par GRIMBLOT. 1 vol. in-8 . . . . . 9 fr.

SCHELLING. **Bruno** ou du principe divin, trad. par Cl. HUSSON. 1 vol. in-8. . . . . 3 fr. 50

— **Écrits philosophiques** et morceaux propres à donner une idée de son système, trad. par Ch. BÉNARD. 1 vol. in-8. . . . . 9 fr.

HEGEL. **Logique,** traduction par A. VÉRA. 2e édition. 2 volumes in-8. . . . . 14 fr.

HEGEL. **Philosophie de la nature,** traduction par A. VÉRA. 3 volumes in-8. . . . . 25 fr.

Prix du tome II. . . . . . 8 fr. 50

Prix du tome III. . . . . . 8 fr. 50

— **Philosophie de l'esprit,** traduction par A. VÉRA. 2 volumes . . . . 18 fr.

— **Philosophie de la religion,** traduction par A. VÉRA. 2 vol. 20 fr.

— **Introduction à la philosophie de Hegel,** par A. VÉRA. 1 volume in-8. . . . . 6 fr. 50

HEGEL. **Essais de philosophie hegelienne**, par A. VÉRA. 1 vol. 2 fr. 50

— **L'Hegelianisme et la philosophie**, par M. VÉRA. 1 volume in-18............... 3 fr. 50

— **Antécédents de l'Hegelianisme dans la philosophie française**, par BEAUSSIRE. 1 vol. in-18............... 2 fr. 50

— **La dialectique dans Hegel et dans Platon**, par Paul JANET. 1 vol. in-8............. 6 fr.

— **La Poétique**, traduction par Ch. BÉNARD, précédée d'une préface et suivie d'un examen critique. Extraits de Schiller, Gœthe, Jean Paul, etc., et sur divers sujets relatifs à la poésie. 2 vol. in-8... 12 fr.

— **Esthétique.** 2 vol. in-8, traduite par M. BÉNARD........... 16 fr.

RICHTER (Jean-Paul). **Poétique** ou **Introduction à l'esthétique**, traduit de l'allemand par Alex. BUCHNER et Léon DUMONT. 2 vol. in-8. 15 fr.

HUMBOLDT (G. de). **Essai sur les limites de l'action de l'État**, traduit de l'allemand, et précédé d'une Étude sur la vie et les travaux de l'auteur, par M. CHRÉTIEN. 1 vol. in-18........... 3 fr. 50

— **La philosophie individualiste**, étude sur G. de HUMBOLDT, par CHALLEMEL-LACOUR. 1 vol. 2 fr. 50

STAHL. **Le Vitalisme et l'Animisme de Stahl**, par Albert LEMOINE. 1 vol. in-18.... 2 fr. 50

LESSING. **Le Christianisme moderne.** Étude sur Lessing, par FONTANÈS. 1 vol. in-18.. 2 fr. 50

PHILOSOPHIE ALLEMANDE CONTEMPORAINE

L. BUCHNER. **Science et nature**, traduction de l'allemand, par Aug. DELONDRE 2 vol. in-18.... 5 fr.

— **Le Matérialisme contemporain**, par M. P. JANET. 3e édit. 1 vol. in-18......... 2 fr. 50

HARTMANN (E. de). **La Religion de l'avenir**. 1 vol. in-18.. 2 fr. 50

— **La philosophie de l'inconscient**, traduit par M. D. NOLEN. 2 vol. in-8. 1876....... 20 fr.

— **Darwinisme**, ce qu'il y a de vrai et de faux dans cette doctrine, traduit par M. G. GUÉROULT. 1 vol. in-18, 2e édit.......... 2 fr. 50

— **La philosophie allemande du XIXe siècle dans ses représentants principaux**, traduit par M. D. NOLEN. 1 vol. in-8. (*Sous presse.*)

— **La philosophie de M. de Hartmann**, par M. D. NOLEN. 1 vol. in-18............ (*Sous presse.*)

HÆCKEL. **Hæckel et la théorie de l'évolution en Allemagne**, par Léon DUMONT. 1 vol. in-18. 2 fr. 50

— **Les preuves du transformisme**, trad. par M. SOURY. 1 vol. in-18............. 2 fr. 50

— **La psychologie cellulaire**, traduit par M. J. SOURY. 1 vol. in-12. 2 fr. 50

O. SCHMIDT. **Hartmann et les sciences naturelles.** 1 volume in-18................ 2 fr. 50

LANGE. **La philosophie de Lange**, par M. D. NOLEN. 1 vol. in-18. (*Sous presse.*)

LOTZE (H.). **Principes généraux de psychologie physiologique**, trad. par M. PENJON. 1 vol. in-18. 2 fr. 50

STRAUSS. **L'ancienne et la nouvelle foi de Strauss**, étude critique par VÉRA. 1 vol. in-8. 6 fr.

MOLESCHOTT. **La Circulation de la vie**, Lettres sur la physiologie, en réponse aux Lettres sur la chimie de Liebig, traduction de l'allemand par M. CAZELLES. 2 volumes in-18. Pap. vélin............. 10 fr.

SCHOPENHAUER. **Essai sur le libre arbitre**, traduit de l'allemand. 1 vol. in-18............... 2 fr. 50

— **Le fondement de la morale**, trad. de l'allemand par M. BOURDEAU, 1 vol. in-18......... 2 fr. 50

— **Philosophie de Schopenhauer**, par Th. RIBOT. 1 vol. in-18. 2 fr. 50

RIBOT (Th.). **La psychologie allemande contemporaine** (HERBART, BENEKE, LOTZE, FECHNER, WUNDT, etc.). 1 vol. in-8. 7 fr. 50

PHILOSOPHIE ANGLAISE CONTEMPORAINE

STUART MILL. **La philosophie de Hamilton.** 1 fort vol. in-8, trad. de l'anglais par E. CAZELLES.. 10 fr.

— **Mes Mémoires.** Histoire de ma vie et de mes idées, traduits de l'anglais par E. CAZELLES. 1 volume in-8.............. 5 fr.

— **Système de logique** déductive et inductive. Exposé des principes de la preuve et des méthodes de recherche scientifique, traduit de l'anglais par M. Louis PEISSE. 2 vol. in-8............ 20 fr.

— **Essais sur la Religion**, traduits de l'anglais, par E. CAZELLES. 1 vol. in-8.............. 5 fr.

— **Le positivisme anglais**, étude sur Stuart Mill, par H. TAINE. 1 volume in-18............ 2 fr. 50

HERBERT SPENCER. **Les premiers Principes.** 1 fort vol. in-8, trad. de l'anglais par M. CAZELLES... 10 fr.

— **Principes de psychologie**, traduits de l'anglais par MM. Th. RIBOT et ESPINAS. 2 vol. in-8.... 20 fr.

— **Principes de biologie**, traduits par M. CAZELLES. 2 forts volumes in-8, t. I. 10 fr.

— **Introduction à la Science sociale.** 1 v. in-8 cart. 3e éd. 6 fr.

— **Principes de sociologie.** 2 vol. in-8.................. 20 fr.

— **Classification des Sciences.** 1 vol. in-18 .... 2 fr. 50

— **De l'éducation.** 1 volume in-8 .... 5 fr.

— **Essais sur le progrès**, traduit par M. BURDEAU. 1 vol. in-8. 7 fr. 50

— **Essais de politique**, traduit par M. BURDEAU. 1 vol.... 7 fr. 50

— **Essais scientifiques**, traduit par M. BURDEAU. 1 vol. 7 fr. 50

— **Introduction à la morale.** In-8.................. 6 fr.

BAIN. **Des Sens et de l'Intelligence.** 1 vol. in-8, traduit de l'anglais par M. CAZELLES 10 fr.

— **La logique inductive et déductive**, traduite de l'anglais par M. COMPAYRÉ. 2 vol. in-8.. 20 fr.

BAIN **L'esprit et le corps.** 1 vol. in-8, cartonné, 2e édition.. 6 fr.

— **La science de l'éducation.** In-8.................. 6 fr.

DARWIN. **Ch. Darwin et ses précurseurs français**, par M. de QUATREFAGES. 1 vol. in-8.. 5 fr.

— **Descendance et Darwinisme**, par Oscar SCHMIDT. 1 volume in-8, cart.............. 6 fr.

— **Le Darwinisme**, ce qu'il y a de vrai et de faux dans cette doctrine, par E. DE HARTMANN, trad. par G. GUÉROULT, 1 vol. in-18. 2 fr. 50

— **Le Darwinisme**, par ÉM. FERRIÈRE. 1 vol. in-18..... 4 fr. 50

— **Les récifs de corail**, leur structure et leur distribution. 1 volume in-8. .... 8 fr.

CARLYLE. **L'idéalisme anglais**, étude sur Carlyle, par H. TAINE. 1 vol. in-18........... 2 fr. 50

BAGEHOT. **Lois scientifiques du développement des nations** dans leurs rapports avec les principes de la sélection naturelle et de l'hérédité. 1 vol. in-8, 2e édit. 6 fr.

RUSKIN (JOHN). **L'esthétique anglaise**, étude sur J. Ruskin, par MILSAND. 1 vol. in-18 ... 2 fr. 50

MATTHEW ARNOLD. **La crise religieuse**, traduit de l'anglais. 1 vol. in-8. 1876........... 7 fr. 50

FLINT. **La philosophie de l'histoire en France et en Allemagne**, traduit de l'anglais par M. L. CARRAU. 2 vol. in-8. 15 fr.

RIBOT (Th.). **La psychologie anglaise contemporaine** (James Mill, Stuart Mill, Herbert Spencer, A. Bain, G. Lewes, S. Bailey, J.-D. Morell, J. Murphy), 1875. 1 vol. in-8, 2e édition....... 7 fr. 50

LIARD. **Les logiciens anglais contemporains** (Herschell, Whewell, Stuart Mill, G. Bentham, Hamilton, de Morgan, Beele, Stanley Jevons) 1 vol. in-18.......... 2 fr. 50

GUYAU. **La morale anglaise contemporaine.** Morale de l'utilité e de l'évolution. 1 vol. in-8. 7 fr. 50

BIBLIOTHÈQUE DE PHILOSOPHIE CONTEMPORAINE

Volumes in-18 à 2 fr. 50 c.

Cartonnés : 3 fr. ; reliés : 4 fr.

H. Taine.

LE POSITIVISME ANGLAIS, étude sur Stuart Mill.

L'IDÉALISME ANGLAIS, étude sur Carlyle.

PHILOSOPHIE DE L'ART, 3e édit.

PHILOSOPHIE DE L'ART EN ITALIE, 2e édition.

DE L'IDÉAL DANS L'ART, 2e édit.

PHILOSOPHIE DE L'ART DANS LES PAYS-BAS.

PHILOSOPHIE DE L'ART EN GRÈCE.

Paul Janet.

LE MATÉRIALISME CONTEMPORAIN. 2e édit.

LA CRISE PHILOSOPHIQUE. Taine, Renan, Vacherot, Littré.

LE CERVEAU ET LA PENSÉE.

PHILOSOPHIE DE LA RÉVOLUTION FRANÇAISE.

SAINT-SIMON ET LE SAINT-SIMONISME.

DIEU, L'HOMME ET LA BÉATITUDE (*Œuvre inédite de Spinoza*).

Odysse-Barot.

PHILOSOPHIE DE L'HISTOIRE.

Alaux.

PHILOSOPHIE DE M. COUSIN.

Ad. Franck.

PHILOSOPHIE DU DROIT PÉNAL.

PHILOSOPHIE DU DROIT ECCLÉSIASTIQUE.

LA PHILOSOPHIE MYSTIQUE EN FRANCE AU XVIIIe SIÈCLE.

Charles de Rémusat.

PHILOSOPHIE RELIGIEUSE.

Charles Lévêque.

LE SPIRITUALISME DANS L'ART.

LA SCIENCE DE L'INVISIBLE. Étude de psychologie et de théodicée.

Émile Saisset.

L'AME ET LA VIE, suivi d'une étude sur l'Esthétique française.

CRITIQUE ET HISTOIRE DE LA PHILOSOPHIE (frag. et disc.).

Auguste Laugel.

LES PROBLÈMES DE LA NATURE.

LES PROBLÈMES DE LA VIE.

LES PROBLÈMES DE L'AME.

LA VOIX, L'OREILLE ET LA MUSIQUE.

L'OPTIQUE ET LES ARTS.

Challemel-Lacour.

LA PHILOSOPHIE INDIVIDUALISTE.

L. Büchner.

SCIENCE ET NATURE, trad. de l'allem. par Aug. Delondre. 2 vol.

Albert Lemoine.

LE VITALISME ET L'ANIMISME DE STAHL.

DE LA PHYSIONOMIE ET DE LA PAROLE.

L'HABITUDE ET L'INSTINCT.

Milsand.

L'ESTHÉTIQUE ANGLAISE, étude sur John Ruskin.

A. Véra.

ESSAIS DE PHILOSOPHIE HÉGÉLIENNE.

Beaussire.

ANTÉCÉDENTS DE L'HEGELIANISME DANS LA PHILOS. FRANÇAISE.

Bost.

LE PROTESTANTISME LIBÉRAL.

Francisque Bouillier.

DE LA CONSCIENCE.

Ed. Auber.

PHILOSOPHIE DE LA MÉDECINE.

Leblais.

MATÉRIALISME ET SPIRITUALISME, précédé d'une Préface par M. E. Littré.

Ad. Garnier.

DE LA MORALE DANS L'ANTIQUITÉ, précédé d'une Introduction par M. Prévost-Paradol.

Schœbel.
PHILOSOPHIE DE LA RAISON PURE.

Tissandier.
DES SCIENCES OCCULTES ET DU SPIRITISME.

Ath. Coquerel fils.
ORIGINES ET TRANSFORMATIONS DU CHRISTIANISME.
LA CONSCIENCE ET LA FOI.
HISTOIRE DU CREDO.

Jules Levallois.
DÉISME ET CHRISTIANISME.

Camille Selden.
LA MUSIQUE EN ALLEMAGNE. Étude sur Mendelssohn.

Fontanès.
LE CHRISTIANISME MODERNE. Étude sur Lessing.

Stuart Mill.
AUGUSTE COMTE ET LA PHILOSOPHIE POSITIVE. 2e édition.

Mariano.
LA PHILOSOPHIE CONTEMPORAINE EN ITALIE.

Saigey.
LA PHYSIQUE MODERNE, 2e tirage.

E. Faivre.
DE LA VARIABILITÉ DES ESPÈCES.

Ernest Bersot.
LIBRE PHILOSOPHIE.

A. Réville.
HISTOIRE DU DOGME DE LA DIVINITÉ DE JÉSUS-CHRIST. 2e édition.

W. de Fonvielle.
L'ASTRONOMIE MODERNE.

C. Coignet.
LA MORALE INDÉPENDANTE.

E. Boutmy.
PHILOSOPHIE DE L'ARCHITECTURE EN GRÈCE.

Et. Vacherot.
LA SCIENCE ET LA CONSCIENCE.

Ém. de Laveleye.
DES FORMES DE GOUVERNEMENT.

Herbert Spencer.
CLASSIFICATION DES SCIENCES.

Gauckler.
LE BEAU ET SON HISTOIRE.

Max Müller.
LA SCIENCE DE LA RELIGION.

Léon Dumont.
HAECKEL ET LA THÉORIE DE L'ÉVOLUTION EN ALLEMAGNE.

Bertauld.
L'ORDRE SOCIAL ET L'ORDRE MORAL.
DE LA PHILOSOPHIE SOCIALE.

Th. Ribot.
PHILOSOPHIE DE SCHOPENHAUER.

Al. Herzen.
PHYSIOLOGIE DE LA VOLONTÉ.

Bentham et Grote.
LA RELIGION NATURELLE.

Hartmann.
LA RELIGION DE L'AVENIR. 2e édit.
LE DARWINISME.

H. Lotze.
PSYCHOLOGIE PHYSIOLOGIQUE.

Schopenhauer.
LE LIBRE ARBITRE.
LE FONDEMENT DE LA MORALE.
PENSÉES ET APHORISMES.

Liard.
LES LOGICIENS ANGLAIS.

Marion.
J. LOCKE.

O. Schmidt.
LES SCIENCES NATURELLES ET LA PHILOSOPHIE DE L'INCONSCIENT.

Haeckel.
LES PREUVES DU TRANSFORMISME.
LA PSYCHOLOGIE CELLULAIRE.

Pi Y Margall.
LES NATIONALITÉS.

Barthélemy Saint-Hilaire.
DE LA MÉTAPHYSIQUE.

A. Espinas.
LA PHILOSOPHIE EXPÉRIMENTALE EN ITALIE.

D. Nolen.
LA PHILOSOPHIE DE LANGE. *(Sous presse.)*
LA PHILOSOPHIE DE M. DE HARTMANN. *(Sous presse.)*

P. Siciliani.
LA PSYCHOGÉNIE MODERNE. *(Sous presse.)*

Les volumes suivants de la collection in-18 sont épuisés; il en reste quelques exemplaires sur papier vélin, cartonnés, tranche supérieure dorée :

LETOURNEAU. **Physiologie des passions.** 1 vol. 5 fr.
MOLESCHOTT. **La circulation de la vie.** 2 vol. 10 fr.
BEAUQUIER. **Philosophie de la Musique,** 1 vol. 5 fr.

BIBLIOTHÈQUE DE PHILOSOPHIE CONTEMPORAINE

FORMAT IN-8

Volumes à 5 fr., 7 fr. 50 et 10 fr. Cart., 1 fr. en plus par vol.; reliure, 2 fr.

JULES BARNI.

La morale dans la démocratie. 1 vol. 5 fr.

AGASSIZ.

De l'espèce et des classifications, traduit de l'anglais par M. Vogeli. 1 vol. 5 fr.

STUART MILL.

La philosophie de Hamilton, traduit de l'anglais par M. Cazelles. 1 fort vol. 10 fr.

Mes mémoires. Histoire de ma vie et de mes idées, traduit de l'anglais par M. E. Cazelles. 1 vol. 5 fr.

Système de logique déductive et inductive. Exposé des principes de la preuve et des méthodes de recherche scientifique, traduit de l'anglais par M. Louis Peisse. 2 vol. 20 fr.

Essais sur la Religion, traduits de l'anglais par M. E. Cazelles. 1 vol. 5 fr.

DE QUATREFAGES.

Ch. Darwin et ses précurseurs français. 1 vol. 5 fr.

HERBERT SPENCER.

Les premiers principes. 1 fort vol. traduit de l'anglais par M. Cazelles. 10 fr.

Principes de psychologie, traduit de l'anglais par MM. Th. Ribot et Espinas. 2 vol. 20 fr.

Principes de biologie, traduit par M. Cazelles. 2 vol. in-8. 1877-1878. 20 fr.

Principes de sociologie :

Tome Ier, traduit par M. Cazelles 1 vol. in-8. 1878. 10 fr.
Tome II, traduit par MM. Cazelles et Gerschel. 1 vol. in-8, 1879. 7 fr. 50

Essais sur le progrès, traduit de l'anglais par M. Burdeau. 1 vol. in-8. 1877. 7 fr. 50

Essais de politique. 1 vol. in-8, traduit par M. Burdeau. 1878. 7 fr. 50

Essais scientifiques. 1 vol. in-8, traduit par M. Burdeau. 1879. 7 fr. 50

De l'éducation physique, intellectuelle et morale. 1 volume in-8. 2e édition, 1879. 5 fr.

AUGUSTE LAUGEL.

Les problèmes (Problèmes de la nature, problèmes de la vie, problèmes de l'âme). 1 fort vol 1879. 7 fr. 50

ÉMILE SAIGEY.

Les sciences au XVIIIe siècle, la physique de Voltaire. 1 vol. 5 fr.

PAUL JANET.

Histoire de la science politique dans ses rapports avec la morale. 2e édition, 2 vol. 20 fr.

Les causes finales. 1 vol. in-8. 1876. 10 fr.

TH. RIBOT.

De l'hérédité. 1 vol. 10 fr.

La psychologie anglaise contemporaine (école expérimentale). 1 vol., 2e édition. 1875. 7 fr. 50

La psychologie allemande contemporaine (école expérimentale). 1 vol. in-8. 1879. 7 fr. 50

HENRI RITTER.

Histoire de la philosophie moderne, traduction française, précédée d'une introduction par M. P. Challemel-Lacour. 3 vol. 20 fr.

ALF. FOUILLÉE.

La liberté et le déterminisme. 1 vol. 7 fr. 50

DE LAVELEYE

De la propriété et de ses formes primitives. 1 vol., 2e édit. 1877. 7 fr. 50

BAIN.

La logique inductive et déductive, traduit de l'anglais par M. Compayré. 2 vol. 20 fr.

Les sens et l'intelligence. 1 vol. traduit de l'anglais par M. Cazellos. 10 fr.

Les émotions et la volonté. 1 fort vol. *(Sous presse.)*

MATTHEW ARNOLD.

La crise religieuse. 1 vol. in-8. 1876. 7 fr. 50

BARDOUX.

Les légistes et leur influence sur la société française. 1 vol. in-8. 1877. 5 fr.

HARTMANN (E. DE).

La philosophie de l'inconscient, traduit de l'allemand par M. D. Nolen, avec une préface de l'auteur écrite pour l'édition française. 2 vol. in-8. 1877. 20 fr.

La philosophie allemande du XIXe siècle, dans ses principaux représentants, traduit de l'allemand par M. D. Nolen. 1 vol. in-8. *(Sous presse.)*

ESPINAS (ALF.).

Des sociétés animales. 1 vol. in-8, 2e éd., précédée d'une Introduction sur l'*Histoire de la sociologie*, 1878. 7 fr. 50

FLINT.

La philosophie de l'histoire en France, traduit de l'anglais par M. Ludovic Carrau. 1 vol. in-8. 1878. 7 fr. 50

La philosophie de l'histoire en Allemagne, traduit de l'anglais par M. Ludovic Carrau. 1 vol. in-8. 1878. 7 fr. 50

LIARD.

La science positive et la métaphysique. 1 v. in-8. 7 fr. 50

GUYAU.

La morale anglaise contemporaine. 1 vol. in-8. 7 fr. 50

BIBLIOTHÈQUE
D'HISTOIRE CONTEMPORAINE

Vol. in-18 à 3 fr. 50.

Vol. in-8 à 5 et 7 fr. Cart. 1 fr. en plus par vol.; relure 2 fr.

EUROPE

Histoire de l'Europe pendant la Révolution française, par *H. de Sybel*. Traduit de l'allemand par Mlle Dosquet. 3 vol. in-8. . . 21 »
Chaque volume séparément . . . . 7 »

FRANCE

Histoire de la Révolution française, par *Carlyle*. Traduit de l'anglais. 3 vol. in-18; chaque volume. 3 50
Napoléon Ier et son historien M. Thiers, par *Barni*. 1 vol. in-18. 3 50
Histoire de la Restauration, par *de Rochau*. 1 vol. in-18, traduit de l'allemand. 3 50
Histoire de dix ans, par *Louis Blanc*. 5 vol. in-8. . . . . 25 »
Chaque volume séparément . . . . 5 »
— 25 planches en taille-douce. Illustrations pour l'*Histoire de dix ans*. 6 »
Histoire de huit ans (1840-1848), par *Elias Regnault*. 3 vol. in-8.. 15 »
Chaque volume séparément . . . . 5 »
— 14 planches en taille-douce. Illustrations pour l'*Histoire de huit ans*. 4 fr.
Histoire du second empire (1848-1870), par *Taxile Delord*. 6 volumes in-8. . . . . 42 »
Chaque volume séparément . . . . 7 »
La Guerre de 1870-1871, par *Boert*, d'après le colonel fédéral suisse Rustow. 1 vol. in-18. . . . . 3 50
La France politique et sociale, par *Aug. Laugel*. 1 volume in-8. 5 »
Histoire des colonies françaises, par *P. Gaffarel*. 1 vol. in-8. . . . 5 fr.

ANGLETERRE

Histoire gouvernementale de l'Angleterre, depuis 1770 jusqu'à 1830, par sir *G. Cornewal Lewis*, 1 vol. in-8, traduit de l'anglais . . . . . 7 fr.
Histoire de l'Angleterre depuis la reine Anne jusqu'à nos jours, par *H. Reynald*. 1 vol. in-18. . . . . 3 50
Les quatre Georges, par *Tackeray*, trad. de l'anglais par Lefoyer. 1 vol. in-18. . . . . 3 50
La Constitution anglaise, par *W. Bagehot*, traduit de l'anglais. 1 vol. in-18. . . . . 3 50
Lombart-Street, le marché financier en Angleterre, par *W. Bagehot*. 1 vol. in-18. . . . . 3 50
Lord Palmerston et lord Russel, par *Aug. Laugel*. 1 volume in-18 (1876) 3 50

ALLEMAGNE

La Prusse contemporaine et ses institutions, par *K. Hillebrand*. 1 vol. in-18. . . . . 3 50
Histoire de la Prusse, depuis la mort de Frédéric II jusqu'à la bataille de Sadowa, par *Eug. Véron*. 1 vol. in-18 . . . . 3 50
Histoire de l'Allemagne, depuis la bataille de Sadowa jusqu'à nos jours, par *Eug. Véron*. 1 vol. in-18. . . . . 3 50
L'Allemagne contemporaine, par *Ed. Bourloton*. 1 vol. in-18. . . . 3 50

AUTRICHE-HONGRIE

HISTOIRE DE L'AUTRICHE, depuis la mort de Marie-Thérèse jusqu'à nos jours, par *L. Asseline*. 1 volume in-18. . . . . 3 50

HISTOIRE DES HONGROIS et de leur littérature politique de 1790 à 1815, par *Ed. Sayous*. 1 vol. in-18. . . . . 3 50

ESPAGNE

L'ESPAGNE CONTEMPORAINE, journal d'un voyageur, par *Louis Teste*. 1 vol in-18. . . . . 3 50

HISTOIRE DE L'ESPAGNE, depuis la mort de Charles III jusqu'à nos jours, par *H. Reynald*. 1 vol. in-18. . . . . 3 50

RUSSIE

LA RUSSIE CONTEMPORAINE, par *Herbert Barry*, traduit de l'anglais. 1 vol. in-18. . . . . 3 50

HISTOIRE CONTEMPORAINE DE LA RUSSIE, par *M. F. Brunetière*. 1 volume in-18 . . . . (*Sous presse.*) 3 50

SUISSE

LA SUISSE CONTEMPORAINE, par *H. Dixon*. 1 vol. in-18, traduit de l'anglais. 3 50

HISTOIRE DU PEUPLE SUISSE, par *Daendliker*, traduit de l'allemand par madame *Jules Favre*, et précédé d'une Introduction de M. *Jules Favre*. 1 vol. in-8 . . . . 5 fr.

ITALIE

HISTOIRE DE L'ITALIE, depuis 1815 jusqu'à nos jours, par *Elie Sorin*. 1 vol. in-8. . . . . (*Sous presse.*) 3 50

AMÉRIQUE

HISTOIRE DE L'AMÉRIQUE DU SUD, depuis sa conquête jusqu'à nos jours, par *Alf. Deberle*. 1 vol. in-18 . . . . 3 50

HISTOIRE DE L'AMÉRIQUE DU NORD (États-Unis, Canada, Mexique), par *Ad. Cohn*. 1 vol. in-18. (*Sous presse.*)

LES ÉTATS-UNIS PENDANT LA GUERRE, 1861-1864. Souvenirs personnels, par *Aug. Laugel*. 1 vol. in-18. . . . . 3 50

Eug. Despois. LE VANDALISME RÉVOLUTIONNAIRE. Fondations littéraires, scientifiques et artistiques de la Convention. 1 vol. in-18. . . . . . 3 50

Victor Meunier. SCIENCE ET DÉMOCRATIE. 2 vol. in-18, chacun séparément 3 50

Jules Barni. HISTOIRE DES IDÉES MORALES ET POLITIQUES EN FRANCE AU XVIIIe SIÈCLE. 2 vol. in-18, chaque volume 3 50

— NAPOLÉON Ier ET SON HISTORIEN M. THIERS. 1 vol. in-18. . . . 3 50

— LES MORALISTES FRANÇAIS AU XVIIIe SIÈCLE. 1 vol. in 18. . . . 3 50

Émile Montégut. LES PAYS-BAS. Impressions de voyage et d'art. 1 vol. in-18. . . . . 3 50

Émile Beaussire. LA GUERRE ÉTRANGÈRE ET LA GUERRE CIVILE. 1 vol. in-18. . . . . 3 50

J. Clamageran. LA FRANCE RÉPUBLICAINE. 1 volume in-18. . . 3 50

E. Duvergier de Hauranne. LA RÉPUBLIQUE CONSERVATRICE. 1 vol. in-18. . . . . 3 50

ÉDITIONS ÉTRANGÈRES

Éditions anglaises.

AUGUSTE LAUGEL. The United States during the war. In-8. 7 shill. 6 p.

ALBERT RÉVILLE. History of the doctrine of the deity of Jesus-Christ. 3 sh. 6 p.

H. TAINE. Italy (Naples et Rome). 7 sh. 6 p.

H. TAINE. The Philosophy of art. 3 sh.

PAUL JANET. The Materialism of present day. 1 vol. in-18, rel. 3 shill.

Éditions allemandes.

JULES BARNI. Napoleon I. In-18. 3 m.

PAUL JANET. Der Materialismus unsere Zeit. 1 vol. in-18. 3 m.

H. TAINE. Philosophie der Kunst, 1 vol. in-18. 3 m.

BIBLIOTHÈQUE SCIENTIFIQUE
INTERNATIONALE

La *Bibliothèque scientifique internationale* n'est pas une entreprise de librairie ordinaire. C'est une œuvre dirigée par les auteurs mêmes, en vue des intérêts de la science, pour la populariser sous toutes ses formes, et faire connaître immédiatement dans le monde entier les idées originales, les directions nouvelles, les découvertes importantes qui se font chaque jour dans tous les pays. Chaque savant expose les idées qu'il a introduites dans la science et condense pour ainsi dire ses doctrines les plus originales.

On peut ainsi, sans quitter la France, assister et participer au mouvement des esprits en Angleterre, en Allemagne, en Amérique, en Italie, tout aussi bien que les savants mêmes de chacun de ces pays.

La *Bibliothèque scientifique internationale* ne comprend pas seulement des ouvrages consacrés aux sciences physiques et naturelles, elle aborde aussi les sciences morales, comme la philosophie, l'histoire, la politique et l'économie sociale, la haute législation, etc.; mais les livres traitant des sujets de ce genre se rattacheront encore aux sciences naturelles, en leur empruntant les méthodes d'observation et d'expérience qui les ont rendues si fécondes depuis deux siècles.

Cette collection paraît à la fois en français, en anglais, en allemand, en russe et en italien : à Paris, chez Germer Baillière et Cie ; à Londres, chez C. Kegan, Paul et Cie; à New-York, chez Appleton; à Leipzig, chez Brockhaus; à Saint-Pétersbourg, chez Koropchevski et Goldsmith, et à Milan, chez Dumolard frères.

EN VENTE :

VOLUMES IN-8, CARTONNÉS A L'ANGLAISE, A 6 FRANCS

Les mêmes, en demi-reliure, veau. — 10 francs.

1. J. TYNDALL. **Les glaciers et les transformations de l'eau,** avec figures. 1 vol. in-8. 2e édition. 6 fr.
2. MAREY. **La machine animale,** locomotion terrestre et aérienne, avec de nombreuses fig. 1 vol. in-8. 2e édition. 6 fr.
3. BAGEHOT. **Lois scientifiques du développement des nations** dans leurs rapports avec les principes de la sélection naturelle et de l'hérédité. 1 vol. in-8. 3e édition. 6 fr.
4. BAIN. **L'esprit et le corps.** 1 vol. in-8. 3e édition. 6 fr.
5. PETTIGREW. **La locomotion chez les animaux,** marche, natation. 1 vol. in-8, avec figures. 6 fr.
6. HERBERT SPENCER. **La science sociale.** 1 v. in-8. 4e éd. 6 fr.
7. O. SCHMIDT. **La descendance de l'homme et le darwinisme.** 1 vol. in-8, avec fig. 3e édition, 1878. 6 fr.

8. MAUDSLEY. **Le crime et la folie.** 1 vol. in-8. 3e édit. 6 fr.
9. VAN BENEDEN. **Les commensaux et les parasites dans le règne animal.** 1 vol. in-8, avec figures. 2e édit. 6 fr.
10. BALFOUR STEWART. **La conservation de l'énergie**, suivie d'une étude sur la nature de la force, par *M. P. de Saint-Robert*, avec figures. 1 vol. in-8. 3e édition. 6 fr.
11. DRAPER. **Les conflits de la science et de la religion.** 1 vol. in-8. 6e édition, 1878. 6 fr.
12. SCHUTZENBERGER. **Les fermentations.** 1 vol. in-8, avec fig. 3e édition, 1878. 6 fr.
13. L. DUMONT. **Théorie scientifique de la sensibilité.** 1 vol. in-8. 2e édition. 6 fr.
14. WHITNEY. **La vie du langage.** 1 vol. in-8. 2e édit. 6 fr.
15. COOKE ET BERKELEY. **Les champignons.** 1 vol. in-8, avec figures. 3e édition. 6 fr.
16. BERNSTEIN. **Les sens.** 1 vol. in-8, avec 91 fig. 2e édit. 6 fr.
17. BERTHELOT. **La synthèse chimique.** 1 vol. in-8. 3e édition. 1879. 6 fr.
18. VOGEL. **La photographie et la chimie de la lumière**, avec 95 figures. 1 vol. in-8. 2e édition. 6 fr.
19. LUYS. **Le cerveau et ses fonctions**, avec figures. 1 vol. in-8. 4e édition. 6 fr.
20. STANLEY JEVONS. **La monnaie et le mécanisme de l'échange.** 1 vol. in-8. 2e édition. 6 fr.
21. FUCHS. **Les volcans.** 1 vol. in-8, avec figures dans le texte et une carte en couleur. 2e édition. 6 fr.
22. GÉNÉRAL BRIALMONT. **Les camps retranchés et leur rôle dans la défense des États**, avec fig. dans le texte et 2 planches hors texte. 6 fr.
23. DE QUATREFAGES. **L'espèce humaine.** 1 vol. in-8. 4e édition, 1878. 6 fr.
24. BLASERNA ET HELMOLTZ. **Le son et la musique**, et *les Causes physiologiques de l'harmonie musicale*. 1 vol. in-8, avec figures, 2e édit. 1879. 6 fr.
25. ROSENTHAL. **Les nerfs et les muscles.** 1 vol. in-8, avec 75 figures. 2e édition, 1878. 6 fr.
26. BRUCKE ET HELMHOLTZ. **Principes scientifiques des beaux-arts**, suivis de **l'Optique et la peinture**, avec 39 figures dans le texte. 1878. 6 fr.
27. WURTZ. **La théorie atomique.** 1 vol. in-8. 2e éd., 1879. 6 fr.
28-29. SECCHI (le Père). **Les étoiles.** 2 vol. in-8, avec 63 figures dans le texte et 17 pl. en noir et en couleurs tirées hors texte. 1879. 12 fr.
30. JOLY. **L'homme avant les métaux** 1 vol. in-8, avec fig. 1879. 6 fr.
31. A. BAIN. **La science de l'éducation** 1 vol. in-8. 6 fr.
32-33. THURSTON. **Histoire des machines à vapeur.** 2 vol. in-8 avec de nombreuses figures dans le texte, et 16 planches hors texte. 12 fr.
34. HERBERT SPENCER. **Les données à la morale.** 1 vol. in-8. 6 fr.

OUVRAGES SUR LE POINT DE PARAITRE :

HARTMANN. **Les peuples de l'Afrique**, (avec figures).
E. CHANTRE. **L'âge de bronze** (avec figures).
HUXLEY. **L'écrevisse** (avec figures).

DUBOST (Antonin). **Des conditions de gouvernement en France.** 1 vol. in-8 (1875). 7 fr. 50

DUFAY. **Etudes sur la Destinée.** 1 vol. in-18, 1876. 3 fr.

DUMONT (Léon). **Le sentiment du gracieux.** 1 vol. in-8. 3 fr.

DUMONT (Léon). **Des causes du rire.** 1 vol. in-8. 2 fr.

DUMONT (Léon). Voyez pages 4, 7 et 12.

DU POTET. **Manuel de l'étudiant magnétiseur.** Nouvelle édition. 1868, 1 vol. in-18. 3 fr. 50

DU POTET. **Traité complet de magnétisme**, cours en douze leçons. 1879, 4e édition, 1 vol. in-8 de 634 pages. 8 fr.

DUPUY (Paul). **Études politiques**, 1874. 1 v. in-8. 3 fr. 50

DUVAL-JOUVE. **Traité de Logique**, 1855. 1 vol. in-8. 6 fr.

Éléments de science sociale. Religion physique, sexuelle et naturelle. 1 vol. in-18. 3e édit., 1877. 3 fr. 50

ÉLIPHAS LÉVI. **Dogme et rituel de la haute magie.** 1861, 2e édit., 2 vol. in-8, avec 24 fig. 18 fr.

ÉLIPHAS LÉVI. **Histoire de la magie**, 1860, 1 vol. in-8, avec 90 fig. 12 fr.

ÉLIPHAS LÉVI. **La science des esprits**, révélation du dogme secret des Kabbalistes, esprit occulte de l'Évangile, appréciation des doctrines et des phénomènes spirites. 1865, 1 v. in-8. 7 fr.

ÉLIPHAS LÉVI. **Clef des grands mystères**, suivant Hénoch, Abraham, Hermès Trismégiste et Salomon. 1861, 1 vol. in-8, avec 20 planches. 12 fr.

EVANS (John). **Les âges de la pierre**, 1 beau volume grand in-8, avec 467 fig. dans le texte, trad. par M. Ed. BARBIER. 1878. 15 fr. — En demi-reliure. 18 fr.

FABRE (Joseph). **Histoire de la philosophie.** Première partie : Antiquité et moyen âge. 1 v. in-12, 1877. 3 fr. 50

—Deuxième partie : Renaissance et temps modernes. (*Sous presse.*)

FAU. **Anatomie des formes du corps humain**, à l'usage des peintres et des sculpteurs. 1866, 1 vol. in-8 et atlas de 25 planches. 2e édition. Prix, fig. noires. 20 fr. ; fig. coloriées. 35 fr.

FAUCONNIER. **La question sociale**, in-18, 1878. 3 fr. 50

FAUCONNIER. **Protection et libre échange**, brochure in-8 (1879). 2 fr.

FOX (W.-J.). **Des idées religieuses.** In-12 1876. 3 fr.

FERBUS (N.). **La science positive du bonheur.** 1 v. in-18. 3 fr.

FERRIER (David). **Les fonctions du cerveau.** 1 vol. in-8, traduit de l'anglais. 1878, avec fig. 10 fr.

FERRON (de). **Théorie du progrès**, 2 vol. in-18. 7 fr.

FERRIÈRE (EM.). **Le darwinisme.** 1872, 1 v. in-18. 4 fr. 50

FONCIN. **Essai sur le ministère de Turgot.** 1 vol. grand in-8 (1876). 8 fr.

FOUCHER DU CAREIL. Voyez LEIBNIZ, p. 2.

FOUILLÉE. Voyez p. 2 et 9.

FOX (W.-J.). **Des idées religieuses.** In-8, 1876. 3 fr.

FRÉDÉRIQ. **Hygiène populaire.** 1 vol. in-12, 1875. 4 fr.

GASTINEAU. **Voltaire en exil.** 1 vol. in-18. 3 fr.

GÉRARD (Jules). **Maine de Biran, essai sur sa philosophie.** 1 fort vol. in-8, 1876. Ouvrage couronné par l'Académie des sciences morales et politiques. 10 fr.

GOUET (AMÉDÉE). **Histoire nationale de France**, d'après des documents nouveaux.

Tome I. Gaulois et Francks. — Tome II. Temps féodaux. — Tome III. Tiers état. — Tome IV. Guerre des princes. — Tome V. Renaissance. — Tome VI. Réforme. — Tome VII. Guerres de religion. (*Sous presse.*) Prix de chaque vol. in-8. 5 fr.

GUICHARD (Victor). **La liberté de penser,** fin du pouvoir spirituel. 1 vol. in-18, 2e édition, 1878. 3 fr. 50

GUILLAUME (de Moissey). **Nouveau traité des sensations.** 2 vol. in-8 (1876). 15 fr.

HERZEN. **Œuvres complètes.** Tome Ier. *Récits et nouvelles.* 1874, 1 vol. in-18. 3 fr. 50

HERZEN. **De l'autre Rive.** 4e édition, traduit du russe par M. Herzen fils. 1 vol. in-18. 3 fr. 50

HERZEN. **Lettres de France et d'Italie.** 1871, in-18. 3 fr. 50

ISSAURAT. **Moments perdus de Pierre-Jean,** observations, pensées, 1868, 1 vol. in-18. 3 fr.

ISSAURAT. **Les alarmes d'un père de famille,** suscitées, expliquées, justifiées et confirmées par lesdits faits et gestes de Mgr Dupanloup et autres. 1868, in-8. 1 fr.

JANET (Paul). Voyez pages 2, 4, 6, 9 et 11.

JOZON (Paul). **Des principes de l'écriture phonétique** et des moyens d'arriver à une orthographe rationnelle et à une écriture universelle. 1 vol. in-18. 1877. 3 fr. 50

LABORDE. **Les hommes et les actes de l'insurrection de Paris** devant la psychologie morbide. 1 vol. in-18. 2 fr. 50

LACHELIER. **Le fondement de l'induction.** 1 vol. in-8. 3 fr. 50

LACOMBE. **Mes droits.** 1869, 1 vol. in-12. 2 fr. 50

LAMBERT. **Hygiène de l'Égypte.** 1873, 1 vol. in-18. 2 fr. 50

LANGLOIS. **L'homme et la Révolution.** Huit études dédiées à P.-J. Proudhon. 1867. 2 vol. in-18. 7 fr.

LAUSSEDAT. **La Suisse.** Études médicales et sociales. 2e édit., 1875. 1 vol. in-18. 3 fr. 50

LAVELEYE (Em. de). **De l'avenir des peuples catholiques.** 1 brochure in-8. 21e édit. 1876. 25 c.

LAVELEYE (Em. de). Voy. pages 7 et 9.

LAVERGNE (Bernard). **L'ultramontanisme et l'État.** 1 vol. in-8 (1875). 1 fr. 50

LE BERQUIER. **Le barreau moderne.** 1871, in-18. 3 fr. 50

LEDRU (Alphonse). **Organisation, attributions et responsabilité des conseils de surveillance des sociétés en commandite par actions.** Grand in-8 (1876). 3 fr. 50

LEDRU (Alphonse). **Des publicains et des Sociétés vectigaliennes.** 1 vol. grand in-8 (1876). 3 fr.

LEDRU-ROLLIN. **Discours politiques et écrits divers.** 2 vol. in-8 cavalier (1879). 12 fr.

LEMER (Julien). **Dossier des jésuites et des libertés de l'Église gallicane.** 1 vol. in-18 (1877). 3 fr. 50

LITTRÉ. **Conservation, révolution et positivisme.** 1 vol. in-12, 2e édition (1879). 5 fr.

LITTRÉ. **Fragments de philosophie.** 1 vol. in-8. 1876. 8 fr.

LITTRÉ. **Application de la philosophie positive** au gouvernement des Sociétés. In-8. 3 fr. 50

LITTRÉ. **Conservation, révolution et positivisme.** 1 vol. in-12. 2e édition. 1879. 5 fr.

LORAIN (P.). **L'assistance publique.** 1871, in-4 de 56 p. 1 fr.

LUBBOCK (sir John). **L'homme préhistorique**, étudié d'après les monuments et les costumes retrouvés dans les différents pays de l'Europe, suivi d'une Description comparée des mœurs des sauvages modernes, traduit de l'anglais par M. Ed. BARBIER, 526 figures intercalées dans le texte. 1876, 2e édition, considérablement augmentée, suivie d'une conférence de M. P. BROCA sur *les Troglodytes de la Vezère*. 1 beau vol. in-8, br. 15 fr.
Cart. riche, doré sur tranche. 18 fr.

LUBBOCK (sir John). **Les origines de la civilisation.** État primitif de l'homme et mœurs des sauvages modernes. 1877, 1 vol. grand in-8 avec figures et planches hors texte. Traduit de l'anglais par M. Ed. BARBIER. 2e édition. 1877. 15 fr.
Relié en demi-maroquin avec nerfs. 18 fr.

MAGY. **De la science et de la nature**, essai de philosophie première. 1 vol. in-8. 6 fr.

MARAIS (Aug.). **Garibaldi et l'armée des Vosges.** 1872, 1 vol. in-18. 1 fr. 50

MENIÈRE. **Cicéron médecin**, étude médico-littéraire. 1862, 1 vol. in-18. 4 fr. 50

MENIÈRE. **Les consultations de madame de Sévigné**, étude médico-littéraire. 1864, 1 vol. in-8. 3 fr.

MESMER. **Mémoires et aphorismes**, suivi des procédés de d'Eslon. Nouvelle édition, avec des notes, par J.-J.-A. RICARD. 1846, in-18. 2 fr. 50

MICHAUT (N.). **De l'imagination.** Études psychologiques. 1 vol. in-8 (1876). 5 fr.

MILSAND. **Les études classiques** et l'enseignement public. 1873, 1 vol. in-18. 3 fr. 50

MILSAND. **Le code et la liberté.** 1865, in-8. 2 fr.

MIRON. **De la séparation du temporel et du spirituel.** 1866, in-8. 3 fr. 50

MORIN. **Du magnétisme et des sciences occultes.** 1860, 1 vol. in-8. 6 fr.

MORIN (Frédéric). **Politique et philosophie**, précédé d'une introduction de M. JULES SIMON. 1 vol. in-18. 1876. 3 fr. 50

MUNARET. **Le médecin des villes et des campagnes.** 4e édition, 1862, 1 vol. grand in-18. 4 fr. 50

NOLEN (D.). **La critique de Kant et la métaphysique de Leibniz**, histoire et théorie de leurs rapports. 1 volume in-8 (1875). 6 fr.

NOURRISSON. **Essai sur la philosophie de Bossuet.** 1 vol. in-8. 4 fr.

OGER. **Les Bonaparte** et les frontières de la France. In-18. 50 c.

OGER **La République.** 1871, brochure in-8. 50 c.

OLLÉ-LAPRUNE. **La philosophie de Malebranche.** 2 vol. in-8. 16 fr.

PARIS (comte de). **Les associations ouvrières en Angleterre** (trades-unions). 1869, 1 vol. gr. in-8. 2 fr. 50
Édition sur pap. de Chine : Broché, 12 fr. ; rel. de luxe. 20 fr.

PELLETAN (Eugène). **La naissance d'une ville** (Royan). 1 vol. in-18. 2 fr.

PELLETAN (Eugène). Voyez pages 22 et 24.

PENJON. **Berkeley**, sa vie et ses œuvres. In-8, 1878. 7 fr. 50

PEREZ (Bernard). **Les trois premières années de l'enfant**, étude de psychologie expérimentale. 1878, 1 vol. 3 fr. 50

PETROZ (P.). **L'art et la critique en France** depuis 1822 1 vol. in-18. 1875. 3 fr. 50

POEY (André). **Le positivisme.** 1 fort vol. in-12 (1876). 4 fr. 50

POULLET. **La campagne de l'Est** (1870-1871). 1 vol. in-8 avec 2 cartes, et pièces justificatives, 1879. 7 fr.

PUISSANT (Adolphe). **Erreurs et préjugés populaires.** 1873, 1 vol. in-18. 3 fr. 50

Recrutement des armées de terre et de mer, loi de 1872. 1 vol. in-4. 12 fr.

Réorganisation des armées active et territoriale, lois de 1873-1875. 1 vol. in-4. 18 fr.

REYMOND (William). **Histoire de l'art.** 1874, 1 vol. in-8. 5 fr.

RIBOT (Paul). **Matérialisme et spiritualisme.** 1873, in-8. 6 fr.

SALETTA. **Principes de logique positive.** In-8. 3 fr. 50

SECRÉTAN. **Philosophie de la liberté,** l'histoire, l'idée. 3e édition, 1879, 2 vol. in-8. 10 fr.

SIEGFRIED (Jules). **La misère, son histoire, ses causes, ses remèdes.** 1 vol. grand in-18. 3e édition (1879). 2 fr. 50

SIÈREBOIS. **Autopsie de l'âme.** Identité du matérialisme et du vrai spiritualisme. 2e édit. 1873, 1 vol. in-18. 2 fr. 50

SIÈREBOIS. **La morale** fouillée dans ses fondements. Essai d'anthropodicée. 1867, 1 vol. in-8. 6 fr.

SIÈREBOIS. **Psychologie réaliste.** Étude sur les éléments réels de l'âme et de la pensée. 1 vol. in-18 (1876). 2 fr. 50

SMEE (A.). **Mon jardin,** géologie, botanique, histoire naturelle. 1876, 1 magnifique vol. gr. in-8, orné de 1300 fig. et 52 pl. hors texte. Broché, 15 fr. Cartonn. riche, tranches dorées.. 20 fr.

SOREL (ALBERT). **Le traité de Paris du 20 novembre 1815.** 1873, 1 vol. in-8. 4 fr. 50

THULIÉ. **La folie et la loi.** 1867, 2e édit., 1 vol. in-8. 3 fr. 50

THULIÉ. **La manie raisonnante du docteur Campagne,** 1870, broch. in-8 de 132 pages. 2 fr.

TIBERGHIEN. **Les commandements de l'humanité.** 1872. 1 vol. in-18. 3 fr.

TIBERGHIEN. **Enseignement et philosophie.** In-18. 4 fr.

TIBERGHIEN. **La science de l'âme.** 1 v. in-12, 3e édit. 1879. 6 fr.

TIBERGHIEN. **Éléments de morale univ.** 1 v. in-12, 1879. 2 fr.

TISSANDIER. **Études de Théodicée.** 1869, in-8 de 270 p. 4 fr.

TISSOT. **Principes de morale.** In-8. 6 fr.

TISSOT. Voyez KANT, page 3.

VACHEROT. Voyez p. 2 et 7.

VAN DER REST. **Platon et Aristote.** In-8, 1876. 10 fr.

VÉRA. **Strauss et l'ancienne et la nouvelle foi.** In-8. 6 fr.

VÉRA. **Cavour et l'Église libre dans l'État libre.** 1874, in-8. 3 fr. 50

VÉRA. **L'Hegélianisme et la philosophie.** In-18. 3 fr. 50

VÉRA. **Mélanges philosophiques.** 1 vol. in-8, 1862. 5 fr.

VÉRA. **Platonis, Aristotelis et Hegelii de medio termino doctrina.** 1 vol. in-8. 1845. 1 fr. 50

VÉRA. **Introduction à la philosophie de Hegel.** 1 vol. in-8, 2e édition. 6 fr. 50

VILLIAUMÉ. **La politique moderne,** 1873, in-8. 6 fr.

VOITURON (P.). **Le libéralisme et les idées religieuses.** 1 vol. in-12. 4 fr.

WEBER. **Histoire de la philosop. europ.** In-8, 2e édit. 10 fr.

YUNG (EUGÈNE). **Henri IV, écrivain.** 1 vol. in-8. 1855. 5 fr.

ZIMMERMANN. **De la solitude.** In-8. 3 fr. 5.

ENQUÊTE PARLEMENTAIRE SUR LES ACTES DU GOUVERNEMENT

DE LA DÉFENSE NATIONALE

DÉPOSITIONS DES TÉMOINS :

TOME PREMIER. Dépositions de MM. Thiers, maréchal Mac-Mahon, maréchal Le Bœuf, Benedetti, duc de Gramont, de Talhouët, amiral Rigault de Genouilly, baron Jérôme David, général de Palikao, Jules Brame, Dréolle, etc.

TOME II. Dépositions de MM. de Chaudordy, Laurier, Cresson, Dréo, Ranc, Rampont, Steenackers, Fernique, Robert, Schneider, Buffet, Lebreton et Hébert, Bellangé, colonel Alavoine, Gervais, Bécherelle, Robin, Muller, Boutefoy, Meyer, Clément et Simonneau, Fontaine, Jacob, Lemaire, Petetin, Guyot-Montpayroux, général Soumain, de Legge, colonel Vabre, de Crisenoy, colonel Ibos, etc.

TOME III. Dépositions militaires de MM. de Freycinet, de Serres, le général Lefort, le général Ducrot, le général Vinoy, le lieutenant de vaisseau Farcy, le commandant Amet, l'amiral Pothuau, Jean Brunet, le général de Beaufort-d'Hautpoul, le général de Valdan, le général d'Aurelle de Paladines, le général Chanzy, le général Martin des Pallières, le général de Sonis, etc.

TOME IV. Dépositions de MM. le général Bordone, Mathieu, de Laborie, Luce-Villiard, Castillon, Debusschère, Darcy, Chenet, de La Taille, Baillehache, de Grancey, L'Hermite, Pradier, Middleton, Frédéric Morin, Thoyot, le maréchal Bazaine, le général Boyer, le maréchal Canrobert, etc. Annexe à la déposition de M. Testelin note de M. le colonel Denfert, note de la Commission, etc.

TOME V. Dépositions complémentaires et réclamations. — Rapports de la préfecture de police en 1870-1871. — Circulaires, proclamations et bulletins du Gouvernement de la Défense nationale. — Suspension du tribunal de la Rochelle ; rapport de M. de La Borderie ; dépositions.

ANNEXE AU TOME V. Deuxième déposition de M. Cresson. Événements de Nîmes, affaire d'Aïn Yagout. — Réclamations de MM. le général Bellot et Engelhart. — Note de la Commission d'enquête (1 fr.).

RAPPORTS :

TOME PREMIER. M. *Chaper*, les procès-verbaux des séances du Gouvernement de la Défense nationale. — M. *de Sugny*, les événements de Lyon sous le Gouv. de la Défense nat. — M. *de Rességuier*, les actes du Gouv. de la Défense nat. dans le sud-ouest de la France.

TOME II. M. *Saint-Marc Girardin*, la chute du second Empire. — M. *de Sugny*, les événements de Marseille sous le Gouv. de la Défense nat.

TOME III. M. *le comte Daru*, la politique du Gouvernement de la Défense nationale à Paris.

TOME IV. M. *Chaper*, de la Défense nat. au point de vue militaire à Paris.

TOME V. *Boreau-Lajanadie*, l'emprunt Morgan. — M. *de la Borderie*, le camp de Conlie et l'armée de Bretagne. — M. *de la Sicotière*, l'affaire de Dreux.

TOME VI. M. *de Rainneville*, les actes diplomatiques du Gouv. de la Défense nat. — M. *A. Lallié*, les postes et les télégraphes pendant la guerre. — M. *Delsol*, la ligne du Sud-Ouest. — M. *Perrot*, la défense en province. (1re *partie*.)

TOME VII. M. *Perrot*, les actes militaires du Gouv. la Défense nat. en province (2e *partie* : Expédition de l'Est).

TOME VIII. M. *de la Sicotière*, sur l'Algérie.

TOME IX. Algérie, dépositions des témoins. Table générale et analytique des dépositions des témoins avec renvoi aux rapports (10 fr.).

TOME X. M. *Boreau-Lajanadie*, le Gouvernement de la Défense nationale à Tours et à Bordeaux (5 fr.).

PIÈCES JUSTIFICATIVES :

TOME PREMIER. Dépêches télégraphiques officielles, première partie.

TOME DEUXIÈME. Dépêches télégraphiques officielles, deuxième partie. — Pièces justificatives du rapport de M. Saint-Marc Girardin.

PRIX DE CHAQUE VOLUME. . . . . **15 fr.**

PRIX DE L'ENQUÊTE COMPLÈTE EN 18 VOLUMES. . . . **241 fr.**

Rapports sur les actes du Gouvernement de la Défense nationale, se vendant séparément :

DE RESSÉGUIER. — Toulouse sous le Gouv. de la Défense nat. In-4.. 2 fr. 50
SAINT-MARC GIRARDIN. — La chute du second Empire. In-4. 4 fr. 50
Pièces justificatives du rapport de M. Saint-Marc Girardin. 1 vol. in-4. 5 fr.
DE SUGNY. — Marseille sous le Gouv. de la Défense nat. In-4. 10 fr.
DE SUGNY. — Lyon sous le Gouv. de la Défense nat. In-4. 7 fr.
DARU. — La politique du Gouv. de la Défense nat. à Paris. In-4.. 15 fr
CHAPER. — Le Gouv. de la Défense à Paris au point de vue militaire. In-4. 15 fr.
CHAPER. — Procès-verbaux des séances du Gouv. de la Défense nat. In-4. 5 fr.
BOREAU-LAJANADIE. — L'emprunt Morgan. In-4. 4 fr. 50
DE LA BORDERIE. — Le camp de Conlie et l'armée de Bretagne. In-4. 10 fr.
DE LA SICOTIÈRE. — L'affaire de Dreux. In-4. 2 fr. 50
DE LA SICOTIÈRE. — L'Algérie sous le Gouvernement de la Défense nationale. 2 vol. in-4. 22 fr.
DE RAINNEVILLE. Actes diplomatiques du Gouv. de la Défense nat. 1 vol. in-4. 3 fr. 50
LALLIÉ. Les postes et les télégraphes pendant la guerre. 1 vol. in-4. 1 fr. 50
DELSOL. La ligne du Sud-Ouest. 1 vol. in-4. 1 fr. 50
PERROT. Le Gouvernement de la Défense nationale en province. 2 vol. in-4. 25 fr.
BOREAU-LAJANADIE. Rapport sur les actes de la Délégation du Gouvernement de la Défense nationale à Tours et à Bordeaux. 1 vol. in 4. 5 fr.
Dépêches télégraphiques officielles. 2 vol. in-4. 25 fr.
Procès-verbaux de la Commune. 1 vol. in-4. 5 fr.
Table générale et analytique des dépositions des témoins. 1 vol. in-4. 3 fr. 50

LES ACTES DU GOUVERNEMENT

DE LA

DÉFENSE NATIONALE

(DU 4 SEPTEMBRE 1870 AU 8 FÉVRIER 1871)

ENQUÊTE PARLEMENTAIRE FAITE PAR L'ASSEMBLÉE NATIONALE
RAPPORTS DE LA COMMISSION ET DES SOUS-COMMISSIONS
TÉLÉGRAMMES
PIÈCES DIVERSES — DÉPOSITIONS DES TÉMOINS — PIÈCES JUSTIFICATIVES
TABLES ANALYTIQUE, GÉNÉRALE ET NOMINATIVE

7 forts volumes in-4. — Chaque volume séparément 16 fr.

L'ouvrage complet en 7 volumes : 112 fr.

Cette édition populaire réunit, en sept volumes avec une Table analytique par volume, tous les documents distribués à l'Assemblée nationale. — Une Table générale et nominative termine le 7e volume.

ENQUÊTE PARLEMENTAIRE

SUR

L'INSURRECTION DU 18 MARS

1° RAPPORTS. — 2° DÉPOSITIONS de MM. Thiers, maréchal Mac-Mahon, général Trochu, J. Favre, Ernest Picard, J. Ferry, général Le Flô, général Vinoy, colonel Lambert, colonel Gaillard, général Appert, Floquet, général Cremer, amiral Saisset, Schœlcher, amiral Pothuau, colonel Langlois, etc. — 3° PIÈCES JUSTIFICATIVES

1 vol. grand in-4°. — Prix : 16 fr.

COLLECTION ELZÉVIRIENNE

MAZZINI. **Lettres de Joseph Mazzini** à Daniel Stern (1864-1872), avec une lettre autographiée. 3 fr. 50

MAX MULLER. **Amour allemand**, traduit de l'allemand. 1 vol. in-18. 3 fr. 50

CORLIEU (le Dr). **La mort des rois de France** depuis François Ier jusqu'à la Révolution française, études médicales et historiques. 1 vol. in-18. 3 fr. 50

CLAMAGERAN. **L'Algérie**, impressions de voyage. 1 vol. in-18. 3 fr. 50

STUART MILL (J.). **La République de 1848**, traduit de l'anglais, avec préface par M. SADI CARNOT, 1 vol. in-18 (1875). 3 fr. 50

RIBERT (Léonce). **Esprit de la Constitution** du 25 février 1875. 1 vol. in-18. 3 fr. 50

NOEL (E.). **Mémoires d'un imbécile**, précédé d'une préface de *M. Littré*. 1 vol. in-18, 3e édition (1879). 3 fr. 50

PELLETAN (Eug.). **Jarousseau, le Pasteur du désert**. 1 vol. in-18 (1877). Couronné par l'Académie française. 6e édit. 3 fr. 50

PELLETAN (Eug.). **Elisée, voyage d'un homme à la recherche de lui-même**, 1 vol. in-18 (1877). 3 fr. 50

PELLETAN (Eug.). **Un roi philosophe, Frédéric le Grand**. 1 vol. in-18 (1878). 3 fr. 50

E. DUVERGIER DE HAURANNE (Mme). **Histoire populaire de la Révolution française**. 1 v. in-18, 2e édit., 1879. 3 fr. 50

ŒUVRES

DE

EDGAR QUINET

Chaque volume se vend séparément.

Édition in-8 .... 6 fr. | Édition in-18..... 3 fr. 50

I. — Génie des Religions. — De l'origine des Dieux. (Nouvelle édition.)

. — Les Jésuites. — L'Ultramontanisme. — Introduction à la Philosophie de l'histoire de l'Humanité. (Nouvelle édition, avec préface inédite).

II. — Le Christianisme et la Révolution française. Examen de la Vie de Jésus-Christ, par STRAUSS. — Philosophie de l'histoire de France. (Nouvelle édition.)

IV. — Les Révolutions d'Italie. (Nouvelle édition.)

V. — Marnix de Sainte-Aldegonde. — La Grèce moderne et ses rapports avec l'Antiquité.

VI. — Les Romains. — Allemagne et Italie. — Mélanges.

VII. — Ashavérus. — Les Tablettes du Juif errant.

VIII. — Prométhée. — Les Esclaves.

IX. — Mes Vacances en Espagne. — De l'Histoire de la Poésie. — Des Epopées françaises inédites du XIIe siècle.

X. — Histoire de mes idées.

XI. — L'Enseignement du peuple. — La Révolution religieuse au XIXe siècle. — La Croisade romaine. — Le Panthéon. — Plébiscite et Concile. — Aux Paysans.

Viennent de paraître :

Correspondance. Lettres à sa mère. 2 vol. in-18.... 7 »

Les mêmes. 2 vol. in-8.......................... 12 »

La révolution. 3 vol. in-18...................... 10 50

La campagne de 1815. 1 vol. in-18............... 3 50

Merlin, l'enchanteur, avec une préface nouvelle, notes et commentaires, 1 vol. in-18. 7 fr.

Ou 2 vol. in-8. 12 fr.

BIBLIOTHÈQUE UTILE

LISTE DES OUVRAGES PAR ORDRE D'APPARITION

Le vol. de 190 p., br. 60 cent. — Cart. à l'ang. 1 fr.

I. — **Morand**. Introd. à l'étude des Sciences physiques. 2e édit.
II. — **Cruveilher**. Hygiène générale. 6e édition.
III. — **Corbon**. De l'enseignement professionnel. 2e édition.
IV. — **L. Pichat**. L'Art et les Artistes en France. 3e édition.
V. — **Buchez**. Les Mérovingiens. 3e édition.
VI. — **Buchez**. Les Carlovingiens.
VII. — **F. Morin**. La France au moyen âge. 3e édition.
VIII. — **Bastide**. Luttes religieuses des premiers siècles. 4e éd.
IX. — **Bastide**. Les guerres de la Réforme. 4e édition.
X. — **E. Pelletan**. Décadence de la monarchie française. 4e éd.
XI. — **L. Brothier**. Histoire de la Terre. 4e édition.
XII. — **Sanson**. Principaux faits de la Chimie. 3e édition.
XIII. — **Turck**. Médecine populaire. 4e édition.
XIV. — **Morin**. Résumé populaire du Code civil. 2e édition.
XV. — **Zaborowski**. L'homme préhistorique. 2e édit.
XVI. — **A. Ott**. L'Inde et la Chine. 2e édit.
XVII. — **Catalan**. Notions d'Astronomie. 2e édition.
XVIII. — **Cristal**. Les Délassements du Travail.
XIX. — **Victor Meunier**. Philosophie zoologique.
XX. — **G. Jourdan**. La justice criminelle en France. 2e édition.
XXI. — **Ch. Rolland**. Histoire de la maison d'Autriche. 3e édit.
XXII. — **E. Despois**. Révolution d'Angleterre. 2e édition.
XXIII. — **B. Gastineau**. Génie de la Science et de l'Industrie.
XXIV. — **H. Leneveux**. Le Budget du foyer. Economie domestique.
XXV. — **L. Combes**. La Grèce ancienne.
XXVI. — **Fréd. Lock**. Histoire de la Restauration. 2e édition.
XXVII. — **L. Brothier**. Histoire populaire de la philosophie. 2e édition.
XXVIII. — **E. Margollé**. Les phénomènes de la Mer. 4e édition.
XXIX. — **L. Collas**. Histoire de l'Empire ottoman. 2e édition.
XXX. — **Zurcher**. Les Phénomènes de l'atmosphère. 3e édition.
XXXI. — **E. Raymond**. L'Espagne et le Portugal. 2e édition.
XXXII. — **Eugène Noël**. Voltaire et Rousseau. 2e édition
XXXIII. — **A. Ott**. L'Asie occidentale et l'Egypte.
XXXIV. — **Ch. Richard**. Origine et fin des Mondes. 3e édition.
XXXV. — **Enfantin**. La Vie éternelle. 2e édition.
XXXVI. — **L. Brothier**. Causeries sur la mécanique. 2e édition.
XXXVII. — **Alfred Doneaud**. Histoire de la Marine française.
XXXVIII. — **Fréd. Lock**. Jeanne d'Arc.
XXXIX. — **Carnot**. Révolution française. — Période de création (1789-1792).
XL. — **Carnot**. Révolution française. — Période de conservation (1792-1804).
XLI. — **Zurcher** et **Margollé**. Télescope et Microscope.
XLII. — **Blerzy**. Torrents, Fleuves et Canaux de la France.
XLIII. — **P. Secchi, Wolf, Briot et Delaunay**. Le Soleil, les Étoiles et les Comètes.
XLIV. — **Stanley Jevons**. L'Économie politique, trad. de l'anglais par H. Gravoz.
XLV. — **Em. Ferrière**. Le Darwinisme. 2e édit.
XLVI. — **H. Leneveux**. Paris municipal.
XLVII. — **Boillot**. Les Entretiens de Fontenelle sur la pluralité des mondes, mis au courant de la science.

XLVIII. — **E. Zevort.** Histoire de Louis-Philippe.
XLIX. — **Geikie.** Géographie physique, traduit de l'anglais par H. Gravez.
L. — **Zaborowski.** L'origine du langage.
LI. — **H. Blerzy.** Les colonies anglaises.
LII. — **Albert Lévy.** Histoire de l'air.

BIBLIOTHÈQUE UTILE

LISTE DES OUVRAGES PAR ORDRE DE MATIÈRES

Le vol. de 190 p., br. 60 cent. — Cart. à l'angl. 1 fr.

I. — HISTOIRE DE FRANCE.

Buchez. Les Mérovingiens.
Buchez. Les Carlovingiens.
J. Bastide. Luttes religieuses des premiers siècles.
J. Bastide. Les Guerres de la Réforme.
F. Morin. La France au Moyen Age.
Fréd. Lock. Jeanne d'Arc.
Eug. Pelletan. Décadence de la monarchie française.
Carnot. La Révolution française, 2 vol.
Fréd. Lock. Histoire de la Restauration.
Alf. Donneaud. Histoire de la marine française.
E. Zevort. Histoire de Louis-Philippe.

II. — PAYS ÉTRANGERS.

E. Raymond. L'Espagne et le Portugal.
L. Collas. Histoire de l'empire ottoman.
L. Combes. La Grèce ancienne.
A. Ott. L'Asie occidentale et l'Egypte.
A. Ott. L'Inde et la Chine.
Ch. Rolland. Histoire de la maison d'Autriche.
Eug. Despois. Les Révolutions d'Angleterre.
H. Blerzy. Les colonies anglaises.

III. — PHILOSOPHIE.

Enfantin. La Vie éternelle.
Eug. Noël. Voltaire et Rousseau.
Léon Brothier. Histoire populaire de la philosophie.
Victor Meunier. La Philosophie zoologique.
Zaborowski. L'origine du langage.

IV. — DROIT.

Morin. La Loi civile en France.
G. Jourdan. La Justice criminelle en France.

V. — SCIENCES.

Benj. Gastineau. Le Génie de la science.
Zurcher et Margollé. Télescope et Microscope.
Zurcher. Les Phénomènes de l'atmosphère.
Morand. Introduction à l'étude des sciences physiques.
Cruveilhier. Hygiène générale.
Brothier. Causeries sur la mécanique.
Brothier. Histoire de la terre.
Sanson. Principaux faits de la chimie.
Turck. Médecine populaire.

Catalan. Notions d'astronomie (avec figures).
E. Margollé. Les Phénomènes de la mer.
Ch. Richard. Origines et Fins des mondes.
Zaborowski. L'Homme préhistorique.
H. Blerzy. Torrents, Fleuves et Canaux de la France.
P. Secchi, Wolf et Briot. Le Soleil, les Étoiles et les Comètes (avec figures).
Em. Ferrière. Le Darwinisme.
Boillot. Les Entretiens de Fontenelle sur la pluralité des mondes.
Geikie. Géographie physique (avec figures).
Albert Lévy. Histoire de l'air (avec figures).

VI. — ENSEIGNEMENT. — ÉCONOMIE POLITIQUE. — ARTS.

Corbon. L'Enseignement professionnel.
Cristal. Les Délassements du travail.
H. Leneveux. Le Budget du foyer.
H. Leneveux. Paris Municipal.
Laurent Pichat. L'Art et les Artistes en France.
Stanley Jevons. L'Economie politique.

BIBLIOTHÈQUE POPULAIRE

BARNI (Jules). **Napoléon Ier**. 1 vol. in-18. 1 fr.
BARNI (Jules). **Manuel républicain**. 1 vol. in-18. 1 fr.
MARAIS (Aug.). **Garibaldi et l'armée des Vosges**. 1 vol. in-18. 1 fr. 50
FRIBOURG (E.). **Le paupérisme parisien**, ses progrès depuis vingt-cinq ans. 1 fr. 25
LOURDAU (E.). **Le sénat et la magistrature** dans la démocratie. 1 vol. in-18 (1878). 3 fr. 50

ÉTUDES CONTEMPORAINES

BOUILLET (Ad.). **Les bourgeois gentilshommes. — L'armée d'Henri V**. 1 vol. in-18. 3 fr. 50
BOUILLET (Ad.). **Les bourgeois gentilshommes. — L'armée d'Henri V**. Types nouveaux et inédits. 1 vol. in-18. 2 fr. 50
BOUILLET (Ad.). **Les Bourgeois gentilshommes. — L'armée d'Henri V**. L'arrière-ban de l'ordre moral. 1 vol. in-18. 3 fr. 50
VALMONT (V.). **L'espion prussien**, roman anglais, traduit par M. J. DUBRISAY. 1 vol. in-18. 3 fr. 50
BOURLOTON (Edg.) et ROBERT (Edmond). **La Commune et ses idées à travers l'histoire**. 1 vol. in-18. 3 fr. 50
CHASSERIAU (Jean). **Du principe autoritaire et du principe rationnel**. 1873. 1 vol. in-18. 3 fr. 50
NAQUET (Alfred). **La République radicale**. 1 vol. in-18. 3 fr. 50
ROBERT (Edmond). **Les domestiques** 1 vol. in-18 (1875). 2 fr. 50
LOURDAU. **Le sénat et la magistrature dans la démocratie française**. 1 vol. in-18 (1879). 3 fr. 50

REVUE **Politique et Littéraire** (Revue des cours littéraires, 2e série.)	REVUE **Scientifique** (Revue des cours scientifiques, 2e série.)

Directeurs : MM. Eug. YUNG et Ém. ALGLAVE

La septième année de la **Revue des Cours littéraires** et de la **Revue des Cours scientifiques**, terminée à la fin de juin 1871, clôt la première série de cette publication.

La deuxième série a commencé le 1er juillet 1871, et depuis cette époque chacune des années de la collection commence à cette date. Des modifications importantes ont été introduites dans ces deux publications.

REVUE POLITIQUE ET LITTÉRAIRE

La *Revue politique* continue à donner une place aussi large à la littérature, à l'histoire, à la philosophie, etc., mais elle a agrandi son cadre, afin de pouvoir aborder en même temps la politique et les questions sociales. En conséquence, elle a augmenté de moitié le nombre des colonnes de chaque numéro (48 colonnes au lieu de 32).

Chacun des numéros, paraissant le samedi, contient régulièrement :

Une *Semaine politique* et une *Causerie politique*, où sont appréciés, à un point de vue plus général que ne peuvent le faire les journaux quotidiens, les faits qui se produisent dans la politique intérieure de la France, discussions de l'Assemblée, etc.

Une *Causerie littéraire* où sont annoncés, analysés et jugés les ouvrages récemment parus : livres, brochures, pièces de théâtre importantes, etc.

Tous les mois la *Revue politique* publie un *Bulletin géographique* qui expose les découvertes les plus récentes et apprécie les ouvrages géographiques nouveaux de la France et de l'étranger. Nous n'avons pas besoin d'insister sur l'importance extrême qu'a prise la géographie depuis que les Allemands en ont fait un instrument de conquête et de domination.

De temps en temps une *Revue diplomatique* explique, au point de vue français, les événements importants survenus dans les autres pays.

On accusait avec raison les Français de ne pas observer avec assez d'attention ce qui se passe à l'étranger. La *Revue* remédie à ce défaut. Elle analyse et traduit les livres, articles, discours ou conférences qui ont pour auteurs les hommes les plus éminents des divers pays.

Comme au temps où ce recueil s'appelait *la Revue des cours littéraires* (1864-1870), il continue à publier les principales leçons du Collége de France, de la Sorbonne et des Facultés des départements.

Les ouvrages importants sont analysés, avec citations et extraits, dès le lendemain de leur apparition. En outre, la *Revue politique* publie des articles spéciaux sur toute question que recommandent à l'attention des lecteurs, soit un intérêt public, soit des recherches nouvelles.

Parmi les collaborateurs nous citerons :

Articles politiques. — MM. de Pressensé, Ch. Bigot, Anat. Dunoyer, Anatole Leroy-Beaulieu, Clamageran.

Diplomatie et pays étrangers. — MM. Van den Berg, Albert Sorel, Reynald, Léo Quesnel, Louis Leger, Jezierski.

Philosophie. — MM. Janet, Caro, Ch. Lévêque, Véra, Th. Ribot, E. Boutroux, Nolen, Huxley.

Morale. — MM. Ad. Franck, Laboulaye, Legouvé, Bluntschli.

Philologie et archéologie. — MM. Max Müller, Eugène Benoist, L. Havet, E. Ritter, Maspéro, George Smith.

Littérature ancienne. — MM. Egger, Havet, George Perrot, Gaston Boissier, Geffroy.

Littérature française. — MM. Ch. Nisard, Lenient, Édouard Fournier, Bersier, Gidel, Jules Claretie, Paul Albert.

Littérature étrangère. — MM. Mézières, Büchner, P. Stapfer.

Histoire. — MM. Alf. Maury, Littré, Alf. Rambaud, G. Monod.

Géographie, Economie politique. — MM. Levasseur, Himly, Vidal-Lablache, Gaidoz, Debidour, Alglave.

Instruction publique. — Madame C. Coignet, MM. Buisson, Em. Beaussire.

Beaux-arts. — MM. Gebhart, Justi, Schnaase, Vischer, Ch. Bigot.

Critique littéraire. — MM. Maxime Gaucher, Paul Albert.

Notes et impressions. — MM. Clément Caraguel et Louis Ulbach.

Ainsi la *Revue politique* embrasse tous les sujets. Elle consacre à chacun une place proportionnée à son importance. Elle est, pour ainsi dire, une image vivante, animée et fidèle de tout le mouvement contemporain.

REVUE SCIENTIFIQUE

Mettre la science à la portée de tous les gens éclairés sans l'abaisser ni la fausser, et, pour cela, exposer les grandes découvertes et les grandes théories scientifiques par leurs auteurs mêmes ;

Suivre le mouvement des idées philosophiques dans le monde savant de tous les pays;

Tel est le double but que la *Revue scientifique* poursuit depuis dix ans avec un succès qui l'a placée au premier rang des publications scientifiques d'Europe et d'Amérique.

Pour réaliser ce programme, elle devait s'adresser d'abord aux Facultés françaises et aux Universités étrangères qui comptent dans leur sein presque tous les hommes de science éminents. Mais, depuis deux années déjà, elle a élargi son cadre afin d'y faire entrer de nouvelles matières.

En laissant toujours la première place à l'enseignement supérieur proprement dit, la *Revue scientifique* ne se restreint plus désormais aux leçons et aux conférences. Elle poursuit tous les développements de la science sur le terrain économique, industriel, militaire et politique.

Elle publie les principales leçons faites au Collége de France, au Muséum d'histoire naturelle de Paris, à la Sorbonne, à l'Institution royale de Londres, dans les Facultés de France, les universités d'Allemagne, d'Angleterre, d'Italie, de Suisse, d'Amérique, et les institutions libres de tous les pays.

Elle analyse les travaux des Sociétés savantes d'Europe et d'Amérique, des Académies des sciences de Paris, Vienne, Berlin, Munich, etc., des Sociétés royales de Londres et d'Édimbourg, des Sociétés d'anthropologie, de géographie, de chimie, de botanique, de géologie, d'astronomie, de médecine, etc.

Elle expose les travaux des grands congrès scientifiques, les Associations *française*, *britannique* et *américaine*, le Congrès des naturalistes allemands, la Société helvétique des sciences naturelles, les congrès internationaux d'anthropologie préhistorique, etc.

Enfin, elle publie des articles sur les grandes questions de philosophie naturelle, les rapports de la science avec la politique, l'industrie et l'économie sociale, l'organisation scientifique des divers pays, les sciences économiques et militaires, etc.

Parmi les collaborateurs nous citerons :

Astronomie, météorologie. — MM. Faye, Balfour-Stewart, Janssen, Normann Lockyer, Vogel, Laussedat, Thomson, Rayet, Briot, A. Herschel, etc.

Physique. — MM. Helmholtz, Tyndall, Desains, Mascart, Carpenter, Gladstone, Fernet, Bertin.

Chimie. — MM. Wurtz, Berthelot, H. Sainte-Claire Deville, Pasteur, Grimaux, Jungfleisch, Odling, Dumas, Troost, Péligot, Cahours, Friedel, Frankland.

Géologie. — MM. Hébert, Bleicher, Fouqué, Gaudry, Ramsay, Sterry-Hunt, Contejean, Zittel, Wallace, Lory, Lyell, Daubrée.

Zoologie. — MM. Agassiz, Darwin, Haeckel, Milne Edwards, Perrier, P. Bert, Van Beneden, Lacaze-Duthiers, Giard, A. Moreau, E. Blanchard.

Anthropologie. — MM. Broca, de Quatrefages, Darwin, de Mortillet, Virchow, Lubbock, K. Vogt.

Botanique. — MM. Baillon, Cornu, Faivre, Spring, Chatin, Van Tieghem, Duchartre.

Physiologie, anatomie. — MM. Chauveau, Charcot, Moleschott, Onimus, Ritter, Rosenthal, Wundt, Pouchet, Ch. Robin, Vulpian, Virchow, P. Bert, du Bois-Reymond, Helmholtz, Marey, Brücke.

Médecine. — MM. Chauffard, Chauveau, Cornil, Gubler, Le Fort, Verneuil, Broca, Liebreich, Lasègue, G. Sée, Bouley, Giraud-Teulon, Bouchardat, Lépine.

Sciences militaires. — MM. Laussedat, Le Fort, Abel, Jervois, Morin, Noble, Reed, Usquin, X***.

Philosophie scientifique. — MM. Alglave, Bagehot, Carpenter, Hartmann, Herbert Spencer, Lubbock, Tyndall, Gavarret, Ludwig, Ribot.

Prix d'abonnement :

Une seule Revue séparément	Six mois.	Un an.	Les deux Revues ensemble	Six mois.	Un an.
Paris	12f	20f	Paris	20f	3
Départements.	15	25	Départements.	25	42
Étranger....	18	30	Étranger....	30	50

L'abonnement part du 1er juillet, du 1er octobre, du 1er janvier et du 1er avril de chaque année.

Chaque volume de la première série se vend : broché...... 15 fr.
relié......... 20 fr.
Chaque année de la 2e série, formant 2 vol., se vend : broché.. 20 fr.
relié.... 25 fr.

Port des volumes à la charge du destinataire.

Prix de la collection de la première série :

Prix de la collection complète de la *Revue des cours littéraires* ou de la *Revue des cours scientifiques* (1864-1870), 7 vol. in-4. 105 fr.

Prix de la collection complète des deux *Revues* prises en même temps, 14 vol. in-4.................................... 182 fr.

Prix de la collection complète des deux séries :

Revue des cours littéraires et *Revue politique et littéraire*, ou *Revue des cours scientifiques* et *Revue scientifique* (décembre 1863 — juillet 1879), 23 vol. in-4.................................... 265 fr.

La *Revue des cours littéraires* et la *Revue politique et littéraire*, avec la *Revue des cours scientifiques* et la *Revue scientifique*, 46 volumes in-4.................................... 470 fr.

REVUE PHILOSOPHIQUE

DE LA FRANCE ET DE L'ETRANGER

Paraissant tous les mois

Dirigée par TH. RIBOT
Agrégé de philosophie, Docteur ès lettres

(*4e année*, 1879.)

La Revue philosophique paraît tous les mois, depuis le 1er janvier 1876, par livraisons de 6 à 7 feuilles grand in-8, et forme ainsi à la fin de chaque année deux forts volumes d'environ 680 pages chacun.

CHAQUE NUMÉRO DE LA *REVUE* CONTIENT :

1° Plusieurs articles de fond; 2° des analyses et comptes rendus des nouveaux ouvrages philosophiques français et étrangers; 3° un compte rendu aussi complet que possible des *publications périodiques* de l'étranger pour tout ce qui concerne la philosophie; 4° des notes, documents, observations, pouvant servir de matériaux ou donner lieu à des vues nouvelles.

Prix d'abonnement :

Un an, pour Paris............................	30 fr.
— pour les départements et l'étranger........	33 fr.
La livraison..................................	3 fr.

REVUE HISTORIQUE

Paraissant tous les deux mois

Dirigée par MM. GABRIEL MONOD et GUSTAVE FAGNIEZ

(*4e année*, 1879.)

La Revue historique paraît tous les deux mois, depuis le 1er janvier 1876, par livraisons grand in-8 de 15 à 16 feuilles, de manière à former à la fin de l'année trois beaux volumes de 500 pages chacun.

CHAQUE LIVRAISON CONTIENT :

I. Plusieurs *articles de fond*, comprenant chacun, s'il est possible, un travail complet. II. Des *Mélanges et Variétés*, composés de documents inédits d'une étendue restreinte et de courtes notices sur des points d'histoire curieux ou mal connus. III. Un *Bulletin historique* de la France et de l'étranger, fournissant des renseignements aussi complets que possible sur tout ce qui touche aux études historiques. IV. Une *analyse des publications périodiques* de la France et de l'étranger, au point de vue des études historiques. V. Des *Comptes rendus critiques* des livres d'histoire nouveaux.

Prix d'abonnement :

Un an, pour Paris............................	30 fr.
— pour les départements et l'étranger........	33 fr.
La livraison..................................	6 fr.

TABLE ALPHABÉTIQUE DES AUTEURS

14802. — PARIS. — IMPRIMERIE E. MARTINET, RUE MIGNON, 2

www.ingramcontent.com/pod-product-compliance
Lightning Source LLC
LaVergne TN
LVHW010306230826
846091LV00007BB/2746

* 9 7 8 2 3 2 9 6 3 9 6 3 5 *